Rauhnächte für Einsteiger

- Das Praxisbuch -

Wie Sie die Reise zu Ihrem Selbst antreten, mit Altem abschließen und in jeder Rauhnacht ein neues Kapitel aufschlagen

Maja Zierlein

INHALT

Das erwartet Sie in diesem Buch

Sie interessieren sich für spirituelle Dinge, haben schön öfter etwas von den magischen Rauhnächten gehört und stellen sich immer wieder die Frage, was es damit auf sich hat? Sehr gut! Dann sind Sie an dieser Stelle genau richtig! Mit diesem Ratgeber erfahren Sie nicht nur alles rund um das Thema der geheimnisvollen Rauhnächte, was sie bedeuten und was es mit dem Räuchern auf sich hat, sondern Sie begeben sich auf eine Reise tief in Ihr innerstes Selbst.

Wer sind Sie? Wer möchten Sie sein? Was ist Ihr persönlicher Herzenswunsch? Neugierig?

Dann lassen Sie sich mit dem Rauhnächte-Guide durch die zwölf magischen Nächte führen. Für jede Rauhnacht erhalten Sie eine darauf abgestimmte Aufgabe, die Sie erfüllen müssen. Zudem erwarten Sie drei ganz spezielle Fragen, die Sie sich selbst stellen können. Profitieren Sie außerdem von praktischen Tipps, unterstützenden Tools wie der Meditation sowie Anwendungsbeispielen, mit denen Sie das bevorstehende Jahr für Sie persönlich, ganz individuell nach Ihren Wünschen und Vorstellungen beeinflussen können.

Es ist an der Zeit, Altes loszulassen, denn ein neues und wundervolles Jahr liegt genau jetzt vor Ihnen. Es wartet bereits darauf, von Ihnen erschaffen zu werden. Sind Sie bereit für Ihre sehnlichsten Träume? Sie können gespannt sein, was das Leben für Sie bereithält. Beeinflussen Sie es jetzt ganz nach Ihrem Geschmack und kommen Sie in Ihre volle Kraft.

Wann sind die Rauhnächte?

Als Rauhnächte werden die Tage/Nächte zwischen Weihnachten und Heilige Drei Könige bezeichnet. Je nachdem, welchen Mythen man Glauben schenkt, beginnt die erste Rauhnacht entweder bereits am 21. Dezember, das ist der Tag der Wintersonnenwende und damit die längste Nacht des Jahres, auch Thomastag genannt, oder aber spätestens in der Nacht vom 24. auf den 25. Dezember um 0:00 Uhr und endet somit am 06. Januar.

BEDEUTUNG UND HERKUNFT

Mit den Rauhnächten beginnt eine Zeit des Wandels, der Reinigung und des Neubeginns. Die magische Zahl „zwölf" steht für die zwölf Tage, an denen jeder einzelne Tag genau einem Monat des nächsten Jahres zugeordnet wird. Man sagt, die sogenannten „Losnächte" sind sehr entscheidend und geben Hinweise darauf, was sich in dem jeweiligen Monat ereignen könnte. Die Zeit der Rauhnächte gilt deshalb auch als „die zwölf heiligen Nächte" oder „die Zeit zwischen den Jahren", die durch unterschiedliche Kalender entstanden ist. Sehr lange orientierten sich unsere Vorfahren nach dem Mond. Die Dauer von Neumond zu Vollmond sind exakt 29,5 Tage. Wenn man das auf die zwölf Monate hochrechnet, ergeben sich für ein Mondjahr genau 354 Tage. Irgendwann begann man aber damit, sich nicht mehr an dem Mond, sondern an der Sonne zu orientieren. Da der Sonnenkalender allerdings 365 Tage beinhaltet, ergab sich eine Differenz von elf Tagen oder zwölf Nächten, die als Zeit zwischen dem alten und dem neuen Jahr definiert wurde. Sie werden noch bemerken, dass diese zusätzlich entstandene Zeit ein ganz besonderes und wertvolles Geschenk für uns ist. Aber dazu später mehr.

Und nun zurück zu dem Begriff „Rauhnacht". Woher stammt dieser Begriff eigentlich?

Genau genommen gibt es dafür sehr viele und vor allem unterschiedliche Theorien. Diese haben allerdings immer eine Sache gemeinsam: Der Ursprung dieser magischen Nächte liegt sehr weit in der Vergangenheit. Bereits unsere Vorfahren hatten verschiedene Ansichten, was die Bedeutung der geheimnisvollen Zeit betrifft.

Eine Theorie davon ist zum Beispiel, dass in dieser Zeit besonders viel geräuchert wurde. Das Räuchern, vor allem mit Salbei, Wacholder oder Weihrauch, soll umherziehende Geister vertreiben und fernhalten. Deshalb wird in diesem Zusammenhang auch oft von den „Rauchnächten" gesprochen. Zum Thema Räuchern erfahren Sie später noch mehr.

Eine weitere Theorie ist die Ableitung aus dem mittelhochdeutschen Wort „ruch", das so viel wie „haarig" oder „pelzig" bedeutet und auf das Aussehen der Dämonen und wilden Gestalten anspielt, die in dieser Zeit, besonders ab Silvester, unterwegs sind und ihr Unwesen treiben. Diese

Theorie stammt bereits aus der keltischen Zeit und wird auch oft mit dem Begriff „Wilde Jagd" beschrieben. Laut Überlieferungen sollen diese Gestalten nämlich tote Seelen sein, die eine sagenhafte Jagd im Himmelreich durchführen. Diese Seelen stammen von Kindern sowie Männern und Frauen, die alle auf eine gewaltsame Art und Weise sterben mussten und ihr Leben deshalb frühzeitig, noch vor Ablauf ihres eigentlich natürlichen Todes, beendet wurde. Wer diese Jagd beobachten kann, wird laut der Legenden automatisch mitgezogen.

Dieser Glaube steht bis heute in Verbindung zu dem Mythos, dass in der Zeit der Rauhnächte, also zwischen Weihnachten und Neujahr, keine Wäsche gewaschen werden soll. Früher glaubte man, dass die umhertreibenden Gestalten und Geister sich sonst in der zum Trocknen aufgehängten Wäsche verfangen könnten. Das würde Unglück, Pech und im schlimmsten Fall sogar Tod mit sich bringen.

Ob und welche dieser schaurigen Theorien wirklich stimmt, konnte bis heute wissenschaftlich nicht bewiesen werden. Das ist auch der Grund dafür, warum die 12 Rauhnächte oftmals

als Aberglaube und Spinnerei bezeichnet werden. Auch wenn es viele Menschen gibt, die absolut nicht daran glauben, gibt es dennoch nach wie vor einige, die sich bis heute an mindestens eine dieser Regeln halten. Sie waschen zum Beispiel zwischen den Weihnachtstagen und den Heiligen drei Königen keine Wäsche, oder hängen sie nur tagsüber auf, wenn es hell ist. Vielleicht kennen Sie sogar jemanden, der sich daran hält?

WAS MACHT DIESE ZEIT SO BESONDERS?

Der Zeitraum zwischen den Jahren gilt als besonders magisch, tiefgründig und spirituell. Finden Sie nicht auch, dass diese Zeit von Weihnachten bis Neujahr sich generell einfach anders anfühlt? Viele Menschen kehren bereits von ganz allein zu sich selbst zurück, halten inne und genießen die Stille. Nicht umsonst sagt man: Es ist die Zeit des Heimkommens und der Rückkehr. Man verbringt viel Zeit mit der Familie oder den Freunden und lässt auch einfach mal die Seele baumeln. Das bietet sich natürlich zwischen den Jahren besonders an, denn das Wetter in der kalten Jahreszeit ist nahezu einladend, um einfach zu Hause zu bleiben und es sich gemütlich zu machen. Es gibt einen Mythos, dass in dieser Zeit die Tore zu einer anderen, übersinnlichen Welt weit geöffnet sind. Jeder von uns wird im Grunde genommen dazu eingeladen, den Augenblick wahrzunehmen, innezuhalten und sich auf die Reise zu einer völlig anderen Bewusstseinsebene zu begeben. Blicken Sie auf das vergangene Jahr zurück und spüren Sie einmal ganz tief in sich hinein.

Stellen Sie sich Fragen wie:

Was ist in diesem Jahr alles passiert?

Welche Türen haben sich für mich persönlich geöffnet?

Gibt es Dinge, die ich im neuen Jahr verändern möchte?

Gleichzeitig ist es die perfekte Möglichkeit, sich von alten Sorgen, Problemen und Ballast zu trennen und völlig frei das neue Jahr willkommen zu heißen. Probieren Sie es aus und schenken Sie Ihrer inneren Stimme Vertrauen. Sie kennt den Weg und wird ihn aufzeigen.

Es könnte übrigens sein, dass Sie in dieser Zeit besonders intensiv Ihre Träume wahrnehmen. Man glaubt, dass alle Träume, die wir in den Rauhnächten empfangen, eine Andeutung für die Zukunft sind. Also beobachten Sie Ihre Träume in diesen Nächten ganz genau, denn sie könnten Ihnen ganz persönliche Hinweise auf Ihr bevorstehendes Jahr geben.

Natürlich ist das nicht immer so, denn manchmal spiegeln sie auch einfach das wider, was unser Unterbewusstsein beschäftigt. Das liegt nämlich tief in uns vergraben und wacht wie eine Schatztruhe über unsere Sehnsüchte, Hoffnungen und Sorgen. An diesem Ort liegen die Antworten auf all unsere Fragen begraben. „Wer sind wir?", „Woher kommen wir?", und „Wer werden wir sein?" Unser Körper verarbeitet unterbewusst sehr viele Dinge, die wir mit etwas Glück in Form von Träumen wahrnehmen können. Meistens wissen wir nämlich gar nicht, dass wir geträumt haben, oder wir vergessen es bereits 10 Minuten nach dem Aufwachen wieder. Um herauszufinden, ob unsere Träume in dieser Zeit eine Vision oder ein Hinweis für die nächsten Monate sind, eignet sich ein kleines Notiz- oder

Traumtagebuch, das Sie am besten direkt neben Ihrem Bett platzieren. Schreiben Sie jeden Morgen, direkt nach dem Aufwachen, Ihre Träume darin auf. Somit geraten sie nicht in Vergessenheit und Sie können jederzeit darin nachlesen und prüfen, ob Ihre Träume in der Zeit zwischen den Jahren von Bedeutung waren oder nicht.

Schenken Sie sich Zeit

Hand aufs Herz! Wann haben Sie sich das letzte Mal so richtig Zeit für sich selbst genommen? Vermutlich ist das schon eine Weile her oder Sie können sich schon gar nicht mehr daran erinnern. Damit sind Sie nicht allein! Wir leben in einer Zeit, in der es mehr und mehr darum geht, Leistung zu erbringen. Wir führen inzwischen sogar ein Leben getreu dem Motto: „Immer schneller, immer weiter, immer besser!" Doch genau das raubt uns eine Menge an wertvoller Energie! Ist es wirklich so wichtig, alles unter einen Hut zu bringen und den Tag von Anfang bis Ende vollzupacken? Nein, ist es eben nicht! Klar, manche Dinge sind wichtig, um die eigenen Ziele zu verfolgen – dafür gibt man gern auch mehr, als eigentlich verlangt wird oder nötig ist. Aber das ist keinesfalls ein Zustand, der unser Leben auf lange Sicht begleiten darf. Wenn Sie diese Erkenntnis bestätigen können, dann sind Sie bereits auf einem sehr guten Weg! Sich selbst eine Auszeit zu nehmen, durchzuatmen und das Leben im Hier und Jetzt einfach vollkommen zu genießen, ist so unglaublich wichtig. Das Innehalten schenkt uns neue Kraft, füllt unsere Energiedepots wieder auf und zeigt uns die Wunder des Lebens, die wir in unserem Alltag leider viel zu oft übersehen. Nur, wenn wir in unserer vollkommenen Kraft sind, können wir unsere Ziele erreichen und ein ruhiges und erfülltes Leben führen.

Nehmen Sie sich einen Moment Zeit und stellen Sie sich selbst folgende Fragen:

- Wofür bin ich aktuell dankbar?

- Welche schönen Erlebnisse hatte ich in meinem Leben?
- Wofür möchte ich mir ab sofort mehr Zeit nehmen?
- Gibt es etwas, das ich schon immer machen wollte?
- Was würde ich heute anders machen?
- Würde ich selbst mein bester Freund/ meine beste Freundin sein?

DIE MACHT DES MANIFESTIERENS

Wer bereits ein Meister im Manifestieren ist, weiß, dass die Zeit der Rauhnächte hervorragend zum Manifestieren geeignet ist. Das liegt daran, dass der Zugang zum Universum, zur geistlichen Welt oder wie auch immer Sie es für sich persönlich benennen, besonders leicht ist. Höchste Zeit also, diese Möglichkeit für sich selbst zu nutzen und das neue Jahr ganz nach den eigenen Wünschen, Zielen und Vorstellungen mitzugestalten und zu definieren – oder?

Manifestieren bedeutet im Grunde genommen, das Gesetz der Anziehung und damit auch die Macht der eigenen Gedanken zu nutzen, denn jeder einzelne Gedanken kann, wenn man es richtig anwendet, wirklich Gestalt annehmen und Realität werden. Dazu braucht es allerdings etwas Übung, Geduld und eine starke Willenskraft. Nicht gleich aufgeben, denn wie sagt man so schön? „Es ist noch kein Meister vom Himmel gefallen."

Das Gesetz der Anziehung

Was genau ist das eigentlich? Genau genommen, drückt es aus, dass Gleiches von Gleichem angezogen wird. Hier spielen Gedanken und Gefühle eine entscheidende Rolle. Dieses Gesetz lässt sich auf wirklich jeden Bereich Ihres Lebens anwenden. Egal, ob es um eine Beziehung, die Finanzen oder auch um einen innersten Herzenswunsch geht – mit ausreichend Übung ist alles möglich. Es gibt einen englischen Spruch: „Thoughts become Things", der übersetzt bedeutet: „Gedanken werden zu Dingen". Deshalb sagt man auch oft:

„Achte auf deine Gedanken, sie werden zur Wirklichkeit!"

Aber wie kann das funktionieren, dass wir allein durch unsere Gedanken so eine Macht ausüben können? Man kann es sich so vorstellen: Jeder einzelne Gedanke, den wir haben, ist auf einer ganz bestimmten Schwingung. Diese Schwingung senden wir aus. Da Gleiches von Gleichem angezogen wird, bekommen wir genau diese Schwingung wieder zurück. Alles geschieht auf derselben Frequenz.

Sie kennen vielleicht einen dieser Tage, an dem man morgens aufsteht und das Gefühl hat, dass die ganze Welt gegen einen ist und heute einfach alles schiefgeht. Diese Tage enden meist genauso, wie sie angefangen haben. Kein Wunder – die Erklärung dafür ist relativ einfach: Wie sollte in diesem Fall denn eine bessere Schwingung bei uns ankommen, wenn wir nur negative Schwingungen aussenden? Ändert man in diesem Fall die Gedanken und versucht, diese in eine bessere Schwingung zu bringen, befinden wir uns auch plötzlich wieder auf einer viel positiveren Frequenz.

Erfolgreich manifestieren – so funktioniert es

• Was wünschen Sie sich? Was ist Ihr Ziel? Wie soll es aussehen?

• Legen Sie Ihren Fokus voll und ganz auf das Ergebnis, das Sie sich wünschen.

• Denken Sie keinesfalls darüber nach, WIE es eintreten könnte, denn das spielt keine Rolle. Solange Sie fest davon überzeugt sind, dass es so eintreten wird, ist es auch nicht weiter entscheidend, wie es zustande kommt.

• Glauben Sie an das Ergebnis aus tiefster Überzeugung und stürzen Sie alle Ihre Gedanken und Gefühle in diesen Wunsch. Stellen Sie sich dabei vor, dass der Wunsch bereits in Erfüllung gegangen ist. Wie fühlt sich das an?

Kleiner Tipp: Nutzen Sie die Kraft des Schreibens, um Dinge in Ihr Leben zu holen. Schreiben Sie ganz klar und deutlich auf, was Sie sich wünschen. Währenddessen gehen Sie in das vollkommene Gefühl der Dankbarkeit, da Sie ja so tun, als wäre es bereits eingetreten. Legen Sie Ihren Fokus dabei immer auf die Zukunft.

Vermeiden Sie dabei folgende Fehler:

• Denken Sie niemals daran, was Sie nicht haben, sonst passiert genau das Gegenteil und Sie konzentrieren sich auf einen Mangel in Ihrem Leben. Dieser ist meist mit Sorgen, Ängsten und Selbstzweifel verbunden. Durch diese Schwingung passiert beim Manifestieren genau das Gegenteil von dem, was Sie eigentlich erreichen möchten. Bleiben Sie deshalb gedanklich immer in der Zukunft und denken Sie nur daran, was Sie sich wünschen.

• Meiden Sie unklare Formulierungen, wenn Sie bereits eine genaue Vorstellung haben. Sonst könnte es passieren, dass Sie ein anderes Ergebnis erhalten, als Sie sich eigentlich vorgestellt haben.

Fazit:

Sie allein sind der Schöpfer oder die Schöpferin Ihres Lebens. Nutzen Sie das besondere Tool „die Schöpferkraft" zur Erfüllung Ihrer Wünsche. Mit ein bisschen Übung und der richtigen Anwendung können Sie sich alles in Ihr Leben herbeirufen, was Sie nur möchten. Es bedarf ein wenig Geduld – setzen Sie sich also niemals unter Druck, denn Sie werden am Ende garantiert belohnt.

Nichts geschieht von heute auf morgen, aber wenn Sie es täglich üben und mit kleinen Erfolgen arbeiten, wird es sich von Zeit zu Zeit steigern. Irgendwann gelangen Sie an einen Punkt, an dem Sie das Gesetz der Anziehung ganz spielerisch und mit einer Leichtigkeit von ganz allein nutzen, ohne dass Sie es bemerken. Und denken Sie dabei immer daran, dass Sie nicht nur Wunder in Ihr Leben holen, sondern auch so manchen Herausforderungen, Ängsten und Problemen begegnen werden. Darum ist es wichtig, dass Sie Ihre Gefühle, Gedanken und Energie immer auf der Ebene halten, die Sie auch erschaffen möchten.

Das Räucher-Ritual

Einem alten Brauch zufolge wurden früher in der Zeit der Rauhnächte böse Geister und Dämonen durch das Räuchern vertrieben. Ob das wirklich stimmt, ist bis heute nicht eindeutig – fest steht: In kaum einer anderen Zeit des Jahres wird so viel geräuchert wie in den zwölf heiligen Nächten. Ob Zimmer, Wohnung oder Haus – es wird überall geräuchert und dient zum Schutz vor Krankheit, schlechter Energie und bösen Geistern. Es wird sogar zur Vertreibung von Insekten und Schädlingen eingesetzt. Inzwischen dient es auch als Hilfsmittel zum Entspannen oder als Begleitung zu einer Meditation.

Wie genau funktioniert das Räuchern und was benötigen Sie dafür?
Keine Sorge! Räuchern an sich ist gar nicht so schwer. Damit es gelingt, brauchen Sie folgendes Zubehör:

- Räucherkohle
- ein feuerfestes Gefäß
- Räucherzange
- Räuchersand
- Räucherwerk oder Räucherkräuter

Es gibt auch verschiedene Starter-Sets, die bereits fertig zusammengestellt sind. Selbstverständlich kann man auch auf eine dieser Varianten zurückgreifen.

Zum Räuchern können Sie verschiedene Kräuter verwenden, die Sie vielleicht in Ihrem Garten oder in der Natur finden. Als einige der bekanntesten gelten zum Beispiel:

- Wacholderbeeren: Sie dienen zur Desinfektion und Reinigung.

- Salbei: Er gilt als das bekannteste Reinigungsmittel und soll eine stärkende Wirkung haben.

- Rosenblüten: Sie stehen für Beruhigung und Liebe.

- Lavendelblüten: Sie helfen bei Nervosität und sorgen für den nötigen Ausgleich.

- Weihrauch: Er soll besonders hilfreich gegen Stress sein und reinigt die Luft.

- Thymian: Er reinigt und gilt als Stärkung der Energie.

- Kampfer: Auflösung von etwas Altem

Natürlich gibt es noch viel, viel mehr an Kräutern und Pflanzen, die zum Räuchern geeignet sind. Eine weitere Alternative ist die Verwendung von bereits fertig zusammengestellten Räuchermischungen. Sie sind speziell auf Themen wie Reinigung, neue Energie oder beispielsweise Lebensfreude abgestimmt.

Für welche Art von Räucherwerk Sie sich entscheiden, bleibt völlig Ihnen überlassen. Horchen Sie hier einfach in sich hinein und lassen Sie sich von Ihrem Gefühl leiten. Es wird am Ende das Richtige für Sie sein.

Wenn Sie alle Zutaten dafür haben, kann es auch schon losgehen!

Als Erstes müssen Sie den Räuchersand in die feuerfeste Schale geben. Diese sollte ungefähr bis zur Hälfte mit Sand gefüllt sein. Anschließend entzünden Sie die Räucherkohle mit dem Feuerzeug oder über einer Kerze. Verwenden Sie dafür die Räucherzange. Sobald sich die ersten kleinen Funken durch die Kohle ziehen, kann sie auf dem Sand in der Räucherschale abgelegt werden. Nun ist ein bisschen Geduld gefragt. Nach ungefähr 5 Minuten sollte die Räucherkohle die perfekte Temperatur erreicht haben und rundherum mit einer weißen Ascheschicht bedeckt sein. Legen Sie jetzt Ihr auserwähltes Räucherwerk auf die Kohle. Eine kleine Menge sollte bereits ausreichen. Warten Sie kurz ab, bis ein angenehm, rauchiger Duft entsteht. Sollte das nicht der Fall sein, können Sie noch mal etwas von dem Räucherwerk nachlegen. Bevor Sie nun mit dem ersten Raum beginnen, stellen Sie sicher, dass alle Fenster geschlossen sind. So kann sich der Rauch komplett im ganzen Zimmer entfalten. Es geht los! Gehen Sie gegen den Uhrzeigersinn durch das Zimmer und achten Sie darauf, dass sich der Rauch schön bis in die

Ecken verteilen kann. Nun muss der Rauch einige Minuten einwirken. Währenddessen können Sie mit dem nächsten Raum weitermachen. Sobald Sie damit fertig sind, muss jedes geräucherte Zimmer ausgiebig gelüftet werden.

Wenn Sie möchten, können Sie mit einer zweiten Räucherung noch mal alles verstärken. Dabei ist es nicht mehr wichtig, ob die Fenster geschlossen sind und dass Sie gegen den Uhrzeigersinn gehen. Lassen Sie sich einfach nach Ihrem Gefühl treiben. Für eine harmonisierende Wirkung können Sie die Räucherschale oder das Feuergefäß kreisförmig schwenken. Bereits jetzt sollte der Raum mit einer ruhigen und positiven Energie aufgeladen sein. Vielleicht können Sie es bereits spüren?

Um die Räucherung abzuschließen, wiederholen Sie den ersten Vorgang. Vielleicht wählen Sie hierfür ein anderes Räucherwerk mit einer anderen Wirkung? Entscheiden Sie selbst, welcher Duft am besten passt. Es gibt in diesem Fall kein Richtig oder Falsch. Achten Sie dabei wieder auf die geschlossenen Fenster und gehen Sie diesmal im Uhrzeigersinn. Spätestens jetzt sorgt die Räucherung für eine neue und belebende Energie. Es ist übrigens gut möglich, dass Sie sich nach dem

Räucher-Prozess etwas müde und erschöpft fühlen. Kein Wunder, Sie haben währenddessen automatisch Ihre Aura gereinigt. Legen Sie eine kurze Pause ein und gönnen Sie Ihrem Körper etwas Entspannung.

Meditation – Der Zugang zu unserer Schöpferkraft

Haben Sie bereits Erfahrungen mit der Meditation? Sie ist eine sehr kraftvolle Technik der Achtsamkeit und zugleich ein ganz besonderes Hilfsmittel, um Zugang zu unserer innersten Welt zu bekommen. Damit können wir den Blick von außen nach innen werfen und uns auf die tiefsten Gedanken, Wünsche und Sorgen konzentrieren. Es hilft uns allerdings nicht nur, um die Dinge zu betrachten, sondern auch, um etwas in unserem Leben zu verändern.

Studien zufolge hat regelmäßiges Meditieren einen positiven Einfluss auf unsere mentale Gesundheit, Emotionen und Gedanken. Man kann damit sogar die Konzentration steigern, Stress deutlich abbauen und die Energie ganz bewusst anheben. Versuchen Sie es selbst! Sie werden sehen, mit ein bisschen Übung gelingt es Ihnen, in

Ihre innere Ruhe zu finden und die Welt im Außen für einen Moment völlig zu vergessen. Tauchen Sie ab in eine Welt ohne Sorgen, Ängste und Probleme. Stattdessen finden Sie ein Gefühl von Freiheit, Schwerelosigkeit und bedingungsloser Liebe.

Meditation – ein Tool für die Rauhnächte
1. Klarheit über das Leben
Geht es Ihnen nicht auch so, dass Sie Ihre Aufmerksamkeit komplett nach außen legen und sich von Meinungen, Problemen und dem Leben anderer beeinflussen lassen? Wir vergessen dabei völlig, wer wir sind und wie wir uns unser Leben eigentlich vorstellen. Die wenigsten Menschen leben nach ihren eigenen Erwartungen. Sie lassen sich von anderen leiten und kennen ihren eigenen Weg gar nicht mehr. Wenn wir selbst nicht wissen, wie unser Weg sein soll und was wir wirklich möchten, dann werden wir mit dem, was wir bekommen, niemals glücklich sein.

Durch das Meditieren können wir uns vollkommen öffnen und herausfinden, wer wir sind und wie wir unser Leben gestalten möchten. Alle Weisheiten, Wünsche und Träume liegen bereits tief in uns verborgen und warten nur darauf, von uns entdeckt und mit unserer Schöpferkraft umgesetzt zu werden.

2. Energie und Aufmerksamkeit ganz bewusst einzusetzen

Die Energie ist ein sehr entscheidender Faktor für unser Leben. Je nachdem, auf welcher energetischen Ebene wir uns gerade befinden, bekommen wir genau auf dieser Ebene alles zurück. Das bedeutet, wenn wir uns komplett nur auf negative Dinge konzentrieren, senden wir negative Schwingungen aus und erhalten wieder negative Schwingungen zurück. Wenn wir es aber umdrehen und uns auf die schönen und positiven Dinge konzentrieren, dann erhalten wir auch genau das wieder zurück. Richten Sie Ihren Fokus, Ihre Gedanken und all Ihre Energie also immer auf ein erfülltes und glückliches Leben voller Liebe und Entfaltungsmöglichkeiten. Es wird sich für Sie lohnen!

Natürlich gibt es im Alltag nicht immer nur erfreuliche Ereignisse. Es kommt allerdings immer darauf an, wie Sie damit umgehen und was Sie aus allem machen. Also lenken Sie negative Energie einfach in eine positive um. Das bedarf etwas Übung, aber funktioniert.

3. Ein Leben im JETZT

Ist Ihnen schon einmal aufgefallen, dass sich Ihre Gedanken und Sorgen immer um etwas aus der Vergangenheit oder Zukunft kreisen? Das kann sehr viel Energie rauben und wenn wir ehrlich sind, verändert es nichts, sich stundenlang über etwas den Kopf zu zerbrechen. Wir leben im Hier und Jetzt. Und genau das ist die Ebene, auf der wir ganz bewusst wählen können und unser Leben in die Richtung lenken, in die wir gehen möchten. Jeder wünscht sich ein Leben in Fülle. Das funktioniert aber nur, wenn wir in der Gegenwart im Einklang mit uns selbst sind. Die Meditation hilft uns, ins Hier und Jetzt zu kommen und den Moment wahrzunehmen, in dem wir uns gerade befinden. Jeder Augenblick in unserem Leben ist ein Geschenk und besteht aus vielen kleinen, einzigartigen Momenten.

4. Unterbewusstsein umprogrammieren

Das Unterbewusstsein speichert unsere tiefsten Überzeugungen, Glaubenssätze und gesammelten

Erkenntnisse. Diese Dinge liegen hier allerdings nicht nur fest verankert, sondern beeinflussen auch unsere Gedanken, Handlungen und Wahrnehmungen. Das bedeutet, wenn wir tief in uns eine positive Haltung haben, werden wir auch in unserer vollen Überzeugung im Außen handeln.

Durch eine regelmäßige Meditation können wir viele Dinge beeinflussen und ändern:

- Befreiung von Ängsten und Zweifeln
- Alte Wunden heilen
- Stärkung unseres Mindsets
- Verbindung zu unserem Urvertrauen und unserer inneren Welt herstellen
- Glaubenssätze lösen und Verhaltensweisen ändern

5. Visualisierung von innen nach außen

Das Meditieren bietet die Möglichkeit, alle innersten Träume und Wünsche durch die Visualisierungskraft in uns zu nutzen, um es in der Realität umzusetzen. Wenn wir während einer Meditation völlig entspannt und in unserer Mitte sind, erzeugen wir mithilfe unserer Vorstellungskraft automatisch Bilder vor unseren Augen. Diese Bilder helfen uns, das in unser Leben zu rufen, was auch immer wir möchten.

Probieren Sie es aus. Nutzen Sie die Kraft der Visualisierung und erschaffen Sie sich etwas aus Ihrer tiefsten Überzeugung.

Fazit: Die Meditation ist ein wichtiges Hilfsmittel, um in unsere volle Kraft zu kommen. Es bietet uns den Zugang zu unserer innersten Stimme und der Schöpferkraft. Deshalb ist es in der Zeit der zwölf heiligen Nächte besonders beliebt und wird oftmals in Form von einer täglichen Aufgabe umgesetzt. Wenn Sie möchten, können Sie es sehr gern in dem nachfolgenden Rauhnächte-Guide integrieren. Im Internet finden Sie viele geführte Meditationen, die sich dafür eignen. Schauen Sie sich dazu einfach ein bisschen um und wählen Sie das, was Sie in dem jeweiligen Moment anspricht.

Ihr persönlicher Begleiter für 12 magische Nächte

Vorbereitungen:
Machen Sie eine Art Jahresabschluss! Das bedeutet, alles, was jetzt noch offen ist, muss abgeschlossen werden. Ganz egal, ob es sich dabei um eine noch offene Rechnung handelt, ein ungeklärtes Thema im Raum steht oder es eine Sache gibt, die Sie bereits angefangen, aber noch nicht beendet haben.

Das Gleiche gilt für Ihr Zimmer, Ihre Wohnung oder Ihr Haus – reinigen Sie es einmal gründlich und nutzen Sie dabei direkt die Gelegenheit, um sich von alten Dingen zu trennen. Das fällt uns oftmals sehr schwer, kann aber zugleich sehr befreiend sein. Aber Achtung: Es geht hierbei mehr um das Putzen und die Reinigung selbst. Man sollte in dieser Zeit nicht zu viel entsorgen. Ein alter Brauch besagt, dass dies sonst Unglück bringt. Und schließlich brauchen wir ja spätestens im Frühling auch noch etwas für den altbekannten Frühjahrsputz.

Besorgen Sie sich für die nächsten Tage ein schönes Notizbuch. Das werden Sie für die täglichen Aufgaben und Fragen benötigen. Natürlich müssen Sie dafür nicht extra etwas Neues kaufen, vielleicht haben Sie bereits etwas Passendes zu Hause. Falls Sie noch kein Räucherwerk zu Hause haben, besorgen Sie sich auch hierfür noch etwas. Hören Sie dabei in sich hinein und schauen Sie, zu welchen Räucherkräutern es Sie gedanklich hinzieht. Es werden die richtigen sein.

Damit Sie wirklich alles im Überblick haben, finden Sie hier noch mal eine kurze Auflistung mit den wichtigsten Vorbereitungen:

- Offene Angelegenheiten klären
- Alte Streitigkeiten aus der Welt schaffen
- Noch nicht bezahlte Rechnungen begleichen
- Ausgeliehene Dinge zurückgeben
- Sich von Ballast lösen
- Wohnung/ Haus reinigen
- Wäsche waschen
- Notizbuch besorgen
- Räucher-Zubehör besorgen

Bevor es losgeht, müssen Sie noch eines wissen. Alle nachfolgenden Aufgaben, Fragen und Themen dienen als Anregung und Leitfaden. Es ist jederzeit möglich, dies anders umzusetzen. Vielleicht stellen Sie sich an manchen Tagen ganz intuitiv eine komplett andere Frage. Dann ist das natürlich auch vollkommen so in Ordnung und richtig. Allgemein betrachtet, sollte es sich generell immer um die Themen: „Selbstreinigung", „Ruhe" und „Inneren Frieden finden" handeln. Jeder macht dies auf eine ganz persönliche Art und Weise. Deshalb ist es besonders wichtig, in sich hineinzuhören und der eigenen Stimme zu folgen. Sie ist immer da und zeigt uns den richtigen Weg.

RAUHNACHT EINS:

Die erste der zwölf magischen Nächte beginnt in der Nacht vom 24. auf den 25. Dezember. Diese heilige Nacht steht zugleich für den ersten Monat im neuen Jahr – den Januar. Hier wird der Grundstein für das bevorstehende Jahr gesetzt. Alle Zeichen stehen auf Neubeginn und Neuanfang. Es ist Zeit für Veränderung! Wie soll dieses Jahr aussehen? Welche Grundlagen müssen Sie dafür erschaffen? Haben Sie sich schon einmal gefragt, wo Ihre Wurzeln liegen und womit Sie sich wirklich verbunden fühlen?

Aufgabe: Erschaffen Sie für das neue Jahr Ihren persönlichen Zeitraffer mit all Ihren Wünschen, Zielen und Vorstellungen für das Jahr.

Nehmen Sie sich dafür ein Blatt Papier oder Ihr Notizbuch und einen Stift zur Hand. Wenn Sie möchten, können Sie das Ganze auch etwas bunter gestalten. Werden Sie dabei gern mal wieder kreativ. Manchmal kann es nicht schaden, dem Leben etwas Farbe zu geben.

Malen Sie nun einen Zeitstrahl, der die Monate Januar bis Dezember auf der unteren Linie darstellt. Die Linie, die nach oben zeigt, benennen Sie mit dem Wort „Meine Wünsche & Ziele". Überlegen Sie ganz in Ruhe, welche Wünsche, Träume und Ziele Sie für die nächsten Monate haben. Dabei ist es hilfreich, einen Blick auf Ihren aktuellen Standpunkt zu werfen. Wo stehen Sie gerade? Sind Sie im Hier und Jetzt glücklich und erfüllt? Was könnte anders oder besser sein? Wenn Sie bereit sind, beginnen Sie mit dem Eintragen in die einzelnen Spalten. Zum Schluss können Sie noch mal prüfen, ob der Zeitstrahl vollständig ist oder vielleicht noch etwas Wichtiges fehlt.

Tipp: Hängen Sie diesen Zeitraffer an Ihr Vision-Board, den Kalender oder die Pinnwand und werfen Sie unter dem Jahr immer mal wieder einen Blick darauf. So können Sie jederzeit prüfen, wo Sie gerade stehen, welche Ziele bereits erreicht sind und was noch vor Ihnen liegt.

> **Stellen Sie sich heute ganz bewusst folgende Fragen:**
> - Wo sehe ich mich in einem Jahr?
> - Welche Grundlagen muss ich für meine Wünsche, Träume und Ziele erschaffen?
> - Was möchte ich für das neue Jahr loslassen?

RAUHNACHT ZWEI:

Die Nacht vom 25. auf den 26. Dezember steht für den Monat Februar. Hier dreht sich alles um die innere Stimme und damit die Verbindung zu sich selbst. Unser wahres Ich liegt tief in uns verborgen. Mit der Zeit sammeln wir verschiedene Erfahrungen, die uns prägen. Wir sammeln verschiedene Glaubenssätze, die einen großen Einfluss auf unser Leben haben. All dies beeinflusst unser eigentliches ICH und macht uns zu einer Person, die wir im Grunde gar nicht sind. Damit wir wieder zu uns selbst zurückfinden, gibt es die innere Stimme. Sie ist der magische Schlüssel zu uns selbst.

Aufgabe: Begeben Sie sich heute auf die Reise tief in Ihr Inneres und hören Sie, was Sie sich selbst zu sagen haben!

Suchen Sie sich dafür einen schönen Ort, an dem es besonders ruhig ist und Sie vollkommen entspannen können. Dieser Ort kann zum Beispiel Ihr Meditationsplatz zu Hause sein. Es könnte aber auch in der Natur – zum Beispiel auf einer nahegelegenen Bank mit herrlichem Ausblick oder vielleicht sogar Ihre Lieblingsstelle im Wald sein. Wo, entscheiden heute nur Sie. Wenn Sie an diesem Ort sind, stellen Sie sicher, dass es vollkommen ruhig ist. Schließen Sie die Augen und atmen Sie tief durch. Wenn es noch Gedanken gibt, die Ihnen im Kopf schwirren, bedanken Sie sich bei ihnen, dass sie da sind, und schicken diese wie kleine Wolken am Himmel einfach weiter. Weiter und weiter – einfach ziehen lassen. Jetzt gibt es nur Sie – alles andere ist gerade völlig unwichtig. Nach einer Weile in völliger Entspannung und Stille kehren Sie wieder in das Hier und Jetzt zurück. Welche Botschaft hatte Ihre innere Stimme an Sie?

Stellen Sie sich heute ganz bewusst folgende Fragen:

- Gibt es etwas, das meinem inneren Frieden im Weg steht?
- Was bringt mich wirklich zur Ruhe?
- Bin ich mit mir selbst im Reinen?

RAUHNACHT DREI:

Die Nacht auf den 27. Dezember ist eine richtige Herzensangelegenheit. Diese Nacht steht für den dritten Monat im Jahr. Im März liegt der Fokus voll und ganz auf einem von den wichtigsten und gleichzeitig wundervollsten Organen in uns – dem Herz. Haben Sie eigentlich schon mal darüber nachgedacht, dass es Tag für Tag nur für Sie schlägt? Es ist immer da und arbeitet nur für uns! Leider vergessen wir das im Alltag viel zu oft oder wir sehen es als selbstverständlich an. Dabei ist es so wichtig, auf unsere Herzenergie zu achten und sie immer wieder mit neuer und positiver Energie aufzufrischen. Doch wie funktioniert das? Leichter als gedacht! Denken Sie einfach mal darüber nach, welche Menschen in den letzten Monaten für Sie da waren. Wer hat Sie auch in schwierigen

Situationen begleitet und war nach wie vor an Ihrer Seite? Welche Dinge haben Sie wirklich glücklich gemacht und Sie mit Freude, Liebe und Kraft erfüllt? Wenn Sie sich diese Fragen beantworten, werden Sie bemerken, was Glück wirklich bedeutet. Das sind die eigentlichen Dinge, die unser Herz erfüllen und auf die es wirklich ankommt. Passen Sie gut auf Ihr Herz auf und verschließen Sie es nicht – denn es ist so wertvoll!

Genau jetzt ist es an der Zeit, uns mit unserem Herzen zu verbinden, tief in uns hineinzuhören und dankbar zu sein. Dankbar, dass es da ist. Dankbar, dass es bedingungslos für uns schlägt. Tag für Tag – Nacht für Nacht. DANKE liebes Herz!

> **Aufgabe: Öffnen Sie Ihr Herz und füllen Sie es mit so viel Licht und Liebe, wie es nur möglich ist.**

Suchen Sie sich dazu einen Ort, an dem Sie für einen Moment ungestört sein können. Dort angekommen, machen Sie es sich richtig gemütlich. Wenn Sie möchten, legen Sie sich gern hin. Schließen Sie Ihre Augen und atmen Sie einmal tief ein und wieder aus. Falls es noch irgendeinen Gedanken in Ihrem Kopf gibt, der Sie beschäftigt – schicken Sie ihn jetzt weg. Wenn Sie vollkommen entspannt sind, kann es losgehen. Stellen Sie sich jetzt einen Sternenhimmel mit ganz vielen Sternen vor. Diese leuchten regelrecht um die Wette. Doch da gibt es den einen Stern, der so viel heller strahlt als alle anderen. Dieser Stern strahlt genau in diesem Moment nur für Sie. Sehen Sie etwas genauer hin und stellen Sie sich vor, wie dieses Licht genau jetzt in Ihr Herz strahlt. Dieser Lichtstrahl wird immer stärker und stärker, bis Ihr komplettes Herz hell erleuchtet ist.

Sie spüren eine angenehme Wärme und fühlen sich komplett wohl, geliebt und erfüllt. Sie sind so glücklich wie schon lange nicht mehr und werden sich bewusst, dass Sie alles haben, um glücklich zu sein. Behüten Sie dieses Licht ab sofort fest in Ihrem Herzen und tragen Sie es in die Welt hinaus. Senden Sie bedingungslose Liebe an Ihre Mitmenschen und immer, wenn Sie das Gefühl haben, dass das Licht schwächer wird, verbinden Sie sich mit Ihrem Stern und laden Sie es wieder auf. Bringen Sie die Welt damit zum Leuchten.

Stellen Sie sich heute ganz bewusst folgende Fragen:
- Was ist mein Herzenswunsch?
- Was macht mich wirklich glücklich?
- Welche Dinge inspirieren mich?

RAUHNACHT VIER:

Nun sind wir schon im Monat April angekommen. In der Nacht auf den 28. Dezember steht ein spielerischer Wandel bevor. Das ähnelt etwas den Wetterbegebenheiten, die der April meist mit sich bringt. In diesem Monat spielt es nämlich oftmals sehr verrückt. Wie singt Stephen Janetzko so schön?

„April, April, der weiß nicht, was er will. Bald schaut der Himmel trübe drein, bald Regen und bald Sonnenschein. April, April, der weiß nicht, was er will."

Dieses wechselhafte Naturschauspiel nehmen wir symbolisch als Anreiz, um einen Wandel von Altem zu Neuem zuzulassen und negative Dinge ins Positive umzuwandeln.

> **Aufgabe: Transformieren Sie alle negativen Dinge in Ihrem Leben in das Positive um.**

Erstellen Sie eine Auflistung mit Stichpunkten von all den Dingen, die aktuell nicht gut sind, oder die Sie gern verändern möchten. Verwenden Sie ein neues Blatt Papier und nehmen Sie sich den ersten Punkt von Ihrer Auflistung vor. Schreiben Sie ganz genau auf, wie es zukünftig sein soll oder was sich verändern soll. Achten Sie darauf, keine negativen Wörter zu verwenden. Meiden Sie Formulierungen wie: „Ich möchte nicht mehr, dass ...". Schreiben Sie stattdessen so, als wäre es bereits so eingetreten, wie Sie es haben möchten. Bedanken Sie sich auch gern dafür, dass es bereits so ist.

Zum Beispiel: „Danke, dass mein Leben sich so positiv verändert hat". Arbeiten Sie alle notierten Stichpunkte der Reihe nach durch. Wenn Sie mit dem letzten Punkt fertig sind, dann lesen Sie sich alles noch mal ganz in Ruhe, bewusst und vor allem laut durch und schließen Sie die Transformation mit den Worten: „Ich bin bereit für diese Änderungen – danke!" ab. Den Zettel mit den negativen Stichpunkten können Sie nun gern wegwerfen oder verbrennen.

Stellen Sie sich heute ganz bewusst folgende Fragen:

- Was möchte ich in meinem Leben verändern?
- Gibt es etwas, das mir meine Energie raubt?
- Wie gehe ich mit negativen Dingen in meinem Leben zukünftig um?

RAUHNACHT FÜNF:

In der Nacht auf den 29. Dezember nehmen wir uns den fünften Monat im Jahr vor – Mai. Dieser steht für die wundervollen Themen Freundschaft und Liebe. Dabei geht es nicht nur um den Bezug zu anderen Menschen, sondern auch um die Freundschaft und die Liebe zu uns selbst.

Die Selbstliebe ist besonders wichtig und muss immer wieder gepflegt werden. Nur wer sich selbst liebt, kann die Liebe zu anderen zulassen und empfangen. Die Selbstliebe ist doch eigentlich ganz einfach, oder nicht? Es bedeutet, sich selbst so zu lieben, wie man eben ist. Und genau das lässt sich manchmal viel leichter sagen, als in die Tat umzusetzen. Wir Menschen sind echte Profis, was das Vergleichen mit anderen angeht. Schließlich möchten wir ja mit unseren Mitmenschen und Vorbildern mithalten können oder sogar besser sein. Wenn das nicht der Fall ist, sind wir schnell mit uns unzufrieden und entwickeln in manchen Situationen sogar einen Hass auf uns selbst. Genau das ist das Schlimmste, was es gibt. Jeder Mensch, jeder Körper, jedes Wesen ist einzigartig, besonders und ein Wunder der Natur. Nur, wer das zu schätzen weiß und fühlen kann, liebt sich wirklich selbst!

Aufgabe: Pflegen Sie heute eine ganz besonders wichtige Freundschaft: die Freundschaft zu Ihnen selbst.

Wer sind Sie? Was macht Sie aus? Worin liegen Ihre Stärken und Ihre Schwächen? Was genau ist es, das Sie einzigartig auf dieser Welt macht? Sind Sie zufrieden mit sich selbst oder nörgeln Sie vielleicht viel zu oft?

Schauen Sie in den Spiegel und schenken Sie Ihrem Spiegelbild ein Lächeln. Bewundern Sie Ihr

Spiegelbild und beginnen Sie wieder damit, jede Stelle Ihres Körpers anzunehmen und wertzuschätzen.

Sagen Sie sich, was Sie besonders macht, wie toll Sie sind und warum Sie einzigartig sind! Ja, das sind Sie – so einzigartig und so unglaublich wertvoll für diese Welt!

Stellen Sie sich heute ganz bewusst folgende Fragen:

- Was ist mein Geschenk an mich selbst?
- Liebe ich mich selbst?
- Was bedeuten Liebe und Freundschaft für mich?

RAUHNACHT SECHS:

Die Hälfte ist fast geschafft, denn nun steht schon die Nacht auf den 30. Dezember bevor. Dabei dreht sich alles um den Monat Juni. Zur Jahreshälfte geht es nicht nur mit den Temperaturen wieder aufwärts, sondern die Tage werden wieder länger und wir haben gefühlt mehr Zeit als an Tagen, an denen es bereits schon sehr früh wieder dunkel wird. Es ist an der Zeit, noch mal innezuhalten und auf das Geschehene zurückzublicken. Jetzt müssen wir alte Dinge loslassen, damit sich etwas Neues entfalten kann. Deshalb steht diese Nacht im Zeichen der „Reinigung" und des „Loslassens".

Aufgabe: Befreien Sie sich von altem Ballast und schaffen Sie Platz für Neues.

Wenn Sie gern räuchern, ist heute ein sehr guter Zeitpunkt, um Ihre Wohnung oder Ihr Haus auszuräuchern. Nehmen Sie sich dafür ausreichend Zeit und gehen Sie ganz bewusst durch jedes einzelne Zimmer.

Um den alten Ballast endgültig aus Ihrem Leben zu verbannen, verwenden Sie ein DIN-A4-Blatt und machen Sie daraus viele kleine Zettel. Auf jeden Zettel notieren Sie sich eine Sache, die Sie nun endgültig abschließen möchten. Wenn Sie damit fertig sind, nehmen Sie sich noch mal jeden dieser Zettel einzeln in die Hand. Lesen Sie laut vor, was darauf steht, und reißen Sie ihn anschließend mindestens einmal in der Mitte durch. Wer möchte, kann sie auch der Reihe nach ins Feuer werfen und dabei zusehen, wie jeder Ballast einzeln entflammt und sich in Luft auflöst. Ziemlich befreiend, oder?

Stellen Sie sich heute ganz bewusst folgende Fragen:
- Was kann gehen?
- Gibt es noch etwas, das ich abschließen sollte?
- Bin ich frei?

RAUHNACHT SIEBEN:

Heute steht eine ganz besondere Nacht bevor. Es ist die Nacht auf den 31. Dezember – Silvester. Der Monat Juli steht für uns voll und ganz im Zeichen des Neubeginns. Genau deshalb machen wir uns zum Jahreswechsel Gedanken über Vorsätze und Wünsche für das neue Jahr. Wie lauten Ihre Vorsätze? Was soll das neue Jahr für Sie bereithalten? Diese magische Nacht ist wie gemacht, alle Wünsche noch mal klar und deutlich zu formulieren und mit dem Zauber der siebten Rauhnacht mitzuschicken. So kann der darauffolgende Abend mit gutem Gewissen gefeiert werden.

Aufgabe: Tun Sie sich selbst etwas Gutes und lassen Sie Ihre Seele baumeln.

Wie wäre es mit einem heißen Bad oder einer Tasse Tee und ein paar Kerzen? Lassen Sie es sich heute einfach mal wieder gut gehen und denken Sie an sich selbst.

Stellen Sie sich heute ganz bewusst folgende Fragen:
- Was möchte ich wirklich?
- Was sind meine Ziele für das neue Jahr?
- Was kann ich im neuen Jahr besser machen?

RAUHNACHT ACHT:

Die Nacht auf den 1. Januar ist eine ganz besondere Rauhnacht. Wir starten mit neuer Energie in das nächste Jahr und heißen es herzlich willkommen. Und somit sind wir auch schon im Monat August angekommen. Ein Monat des Neubeginns, der Kraft und Fülle! Sicherlich haben Sie schon mal von einem „erfüllten Leben" gehört. Doch was bedeutet das eigentlich? Ein Leben in Fülle ist im Grunde genommen nichts anderes, als vollkommen zufrieden und im Einklang mit sich selbst zu sein. Man könnte es auch ein bisschen mit der

Sonne vergleichen, die in den Sommermonaten in ihre vollkommene Fülle und Sonnenkraft kommt. Sie strahlt in ihrer ganz eigenen Kraft, so stark sie nur kann, und schenkt uns jede Menge Licht, Energie und Glücksmomente. Wenn wir ein Leben in Fülle führen, senden wir genau das auch an unsere Mitmenschen aus – so wie die Sonne.

> **Aufgabe: Schenken Sie Ihren Liebsten einen Glücksmoment.**

Wie könnte dieser aussehen? Womit machen Sie Ihre Liebsten wirklich glücklich? Als kleiner Tipp: Es muss nicht immer materiell sein. Die wertvollsten Geschenke sind nämlich unbezahlbar. Wie wäre es zum Beispiel mit Zeit, Unternehmungen, ein immer offenes Ohr, ein paar liebe Worte, eine Umarmung ... all diese Dinge kosten Sie absolut nichts und sind dennoch unbezahlbar. Finden Sie nicht?

Stellen Sie sich heute ganz bewusst folgende Fragen:
- Wie komme ich in meine eigene Kraft?

- Wem wünsche ich besonders viele Glücksmomente?
- Was ist für mich ein Glücksmoment?

RAUHNACHT NEUN:

Willkommen im neuen Jahr! Die Nacht vom 1. auf den 2. Januar und somit die Rauhnacht Nummer Neun steht für den September. Nehmen wir das Neue nun an. Auch, wenn vielleicht noch nicht alles so ist, wie es sein soll – Geduld ist gefragt. Manchmal muss man etwas Neuem auch erst mal Zeit geben, um in Ruhe wachsen zu können. Nichts entsteht von heute auf morgen. Alles braucht seine Zeit. Und hierin liegt der Fokus des Monats September: Geduld. Diese Rauhnacht schenkt uns die nötige Ausdauer und Zeit, Ruhe zu bewahren und etwas heranwachsen zu lassen.

> **Aufgabe: Schauen Sie geduldig beim Wachsen zu!**

Was möchten Sie in diesem Jahr ernten? Vielleicht ein paar Kräuter oder Ihr Lieblingsgemüse? Was auch immer es ist – pflanzen Sie jetzt einen Samen in ein kleines Töpfchen und kümmern Sie sich täglich darum. Schon bald werden Sie den Wachstumsprozess begutachten können und bemerken – alles braucht seine Zeit.

Stellen Sie sich heute ganz bewusst folgende Fragen:

- Habe ich Vertrauen in mich selbst?
- Lasse ich Neues in meinem Leben zu?
- Bin ich bereit, mich für neue Dinge zu öffnen, auch wenn ich bisher keine Erfahrungen damit habe?

RAUHNACHT ZEHN:

Die Nacht vom 2. auf den 3. Januar gilt für den Monat Oktober. Die magische Phase geht langsam dem Ende zu. Es wird Zeit für innere Balance, Ausgleich und Harmonie. Ein sehr spannendes Thema für den Monat Oktober, denn dieser steht auch im Sternzeichen der Waage. Wie passend und harmonisch! Sie bemerken schon, in dieser Zeit ist einfach alles stimmig. Hinter dem Sternzeichen Waage stehen lebensfrohe Menschen mit einer

Menge an Optimismus und Ausgeglichenheit. Sie streben nach Frieden und Harmonie, die sie auch gern im Alltag bei ihren Mitmenschen verbreiten. Haben Sie auch gerade das Bild einer ausgeglichenen Waage im Kopf oder ist sie vielleicht eher aus dem Gleichgewicht geraten?

Aufgabe: Legen Sie die wichtigsten Dinge in Ihrem Leben auf die Waage.

Welche Teile Ihres Lebens befinden sich aktuell nicht im Gleichgewicht? Sie können sich das Ganze symbolisch in Ihrem Kopf vorstellen. Wenn es Ihnen leichter fällt, bietet es sich auch an, kreativ zu werden und es auf ein Blatt Papier oder in Ihr Notizbuch zu zeichnen. Gehen Sie in sich und schauen Sie einmal ganz genau hin! Was bringt Sie schnell aus dem Gleichgewicht? Sobald Sie wissen, welche Dinge in Ihrem Leben noch nicht ganz in Balance sind, nehmen Sie sich diese vor. Eines nach dem anderen. Wie könnten Sie diese Dinge ausgleichen?

> **Stellen Sie sich heute ganz bewusst folgende Fragen:**
> - Führe ich ein harmonisches Leben?
> - Vermeide ich Konflikte mit meinen Mitmenschen?
> - Wie finde ich zurück zu meiner inneren Balance?

RAUHNACHT ELF:

Die Nacht des Loslassens steht an. Vom 3. auf den 4. Januar sind wir nun im Monat November angekommen.

Hier dreht sich alles um das Abschiednehmen und den Tod. Wir befinden uns in einem ständigen Kreislauf von Leben, Tod und Neubeginn. Etwas Altes geht und etwas Neues entsteht. Unser Körper ist das beste Beispiel dafür. Täglich stirbt eine Menge an Zellen, die wiederum durch neue ersetzt werden.

Es gibt viele Momente in unserem Leben, in denen wir an einen Punkt kommen, an dem wir Abschied nehmen müssen. Genau diese Momente machen uns Angst. Themen wie Tod meiden wir am liebsten, denn sie sind mit Angst und Verlust verbunden. Damit können wir nur sehr schwer umgehen und versuchen, alles so gut wie möglich aufrechtzuerhalten.

Jeder Abschied bringt zugleich einen Neubeginn mit sich. Sobald wir bereit sind, etwas loszulassen, kann sich etwas Neues entfalten. Lassen Sie los und vertrauen Sie dem Fluss des Lebens.

Aufgabe: Seien Sie dankbar für das Jetzt und Hier und legen Sie den Fokus genau auf diesen Moment.

Wofür sind Sie genau jetzt dankbar? Wofür sind Sie heute dankbar? Wofür sind Sie in Ihrem bisherigen Leben dankbar? Schreiben Sie auf, wofür Sie dankbar sind, und hängen Sie diesen Zettel an einen Ort, an dem Sie täglich vorbeigehen. Je mehr Dankbarkeit wir für unser Leben spüren, umso leichter gehen wir durchs Leben und umso wertvoller ist jeder einzelne Moment.

Stellen Sie sich heute ganz bewusst folgende Fragen:
- Was muss ich in meinem Leben loslassen?
- Was ist meine Lebensaufgabe?

> - Was ist mir in meinem Leben besonders wichtig?

RAUHNACHT ZWÖLF:

In der Nacht vom 4. auf den 5. Januar geht es um den letzten Monat im Jahr – Dezember. Die zwölfte Rauhnacht gilt als Nacht der Wunder, Entfaltung und Weisheit. Als „Wunder" werden oft Dinge oder Ereignisse bezeichnet, die aus einem unerklärbaren Grund auf eine ganz besondere und unerklärliche Art und Weise entstanden sind. Sicherlich haben Sie auch schon das eine oder andere Mal den Satz gesagt: „Es grenzt schon fast an ein Wunder, dass ..." Wunder geschehen – und das Tag für Tag. Meist sind es die kleinen Dinge, die wir nur wahrnehmen können, wenn wir genau hinsehen.

Im Alltag vergessen wir nämlich oft, die Augen zu öffnen. Vergessen Sie nicht: Die Welt ist voller Wunder und wir werden täglich eingeladen, sie zu sehen. Also schauen Sie hin! Nehmen Sie sich Zeit und beginnen Sie, die Wunder in Ihrem Leben wieder wahrzunehmen. Falls es Ihnen schwerfällt, erinnern Sie sich zurück an Ihre Kindheit. Kinder sehen die Welt mit völlig anderen

Augen und erfreuen sich an den kleinsten Dingen, die so wertvoll und kostbar sind.

> **Aufgabe: Gehen Sie kurz in sich und überlegen Sie, welchen Wundern Sie heute begegnet sind.**

War es eine besondere Begegnung mit einem Menschen? Ein besonderes Ereignis in der Natur? Wenn Sie Ihr Wunder für heute gefunden haben, halten Sie kurz inne und danken Sie dafür, dass Sie es wahrgenommen haben.

> **Stellen Sie sich heute ganz bewusst folgende Fragen:**
> - Welche Wunder habe ich in meinem Leben bereits erfahren?
> - Was hat mich besonders beeindruckt?
> - Wofür bin ich besonders dankbar?

RAUHNACHT DREIZEHN:

Die Nacht vom 5. auf den 6. Januar bietet noch mal die Chance, alle vergangenen Nächte Revue passieren zu lassen und das eine oder andere noch mal zu korrigieren. Die letzten Tage und Nächte waren sicherlich sehr intensiv und vielleicht auch ereignisreich, denn Sie haben sich mit all den wichtigen Bausteinen Ihres Lebens auseinandergesetzt und sich auf die Reise in Ihr innerstes Selbst begeben. Eine spannende Zeit liegt hinter Ihnen. Vielleicht sind Sie gerade etwas verwirrt oder auch erschöpft – vielleicht fühlen Sie sich aber auch so kraftvoll wie nie zuvor. Wie auch immer Ihre persönliche Erfahrung aussieht, Sie können mächtig stolz auf sich sein und sich schon jetzt auf die nächsten zwölf Monate freuen.

Bevor wir die Rauhnächte wirklich komplett abschließen, stellen Sie sich noch mal die Frage, ob es noch irgendetwas gibt, das Sie verändern möchten. Lassen Sie sich die letzten Tage noch mal kurz durch den Kopf gehen. Als kleine Hilfestellung können Sie sich auch folgende Fragen stellen:
- Was sind meine Erkenntnisse?
- Gibt es noch etwas, das mich bedrückt?
- Fühlt sich etwas noch nicht stimmig an?
- Gibt es noch etwas, das ich aufarbeiten möchte?

Wenn am Ende noch etwas im Raum steht, haben Sie die Möglichkeit, dies umzuformulieren und so zu gestalten, wie Sie möchten. Es eignet sich dafür die Übung der Rauhnacht VIER. Achten Sie dabei auf Ihre Gedanken und Ihre Wortwahl. Wenn Sie damit fertig sind, lesen Sie alles noch einmal laut vor und reißen Sie den Zettel einmal in der Mitte durch oder werfen Sie ihn in ein Feuer. Verabschieden Sie nun die Rauhnächte mit einer kleinen Räucher-Zeremonie. Hierfür ist Salbei besonders zu empfehlen, da er für den Frieden und Neuanfang steht.

Geschafft! Nun sind wir am Ende einer spannenden und aufregenden Reise angekommen. Wenn Sie die letzten Tage Revue passieren lassen, dann können Sie richtig stolz auf sich sein. Vielleicht haben Sie sich mit Themen beschäftigt, denen Sie ganz bewusst lange aus dem Weg gegangen sind. Sie konnten vieles über sich selbst lernen, neue Erkenntnisse dazugewinnen oder vielleicht etwas Altes wieder aufleben lassen.

Starten Sie jetzt voller Energie, Freude und Selbstliebe in die nächsten Tage, Wochen und Monate und gestalten Sie Ihr Leben ab sofort ganz nach Ihren Wünschen und Träumen. Von nun an

wissen Sie, wie es funktioniert! Sollten Sie irgendwann an einem Punkt anlangen, an dem Sie nicht
weiterwissen, kehren Sie kurz in sich, halten Sie
inne und hören Sie darauf, was Ihnen die innere
Stimme zu sagen hat.

Leitfaden für ein erfülltes Leben

1. Fokus auf die innere Welt

Unser Inneres ist der Spiegel nach außen und erschafft somit auch alles, was im Außen passiert. Entscheiden Sie sich immer bewusst, was Sie erschaffen möchten und stärken Sie Ihre Gedanken mit Ihrer inneren Welt. Nehmen Sie sich ausreichend Zeit für praktische Übungen, die Ihren Glauben sowie Ihr Mindset stärken. Dafür eignen sich zum Beispiel tägliche Affirmations-Karten.

2. Starten Sie mit Dankbarkeit in den Tag

Nehmen Sie sich jeden Morgen ein paar Minuten für sich Zeit und verbinden Sie sich mit Ihrem Herzen. Am besten integrieren Sie es in Ihre Morgenroutine und beginnen damit, zum Beispiel direkt nach dem Frühstück. Vor dieser Übung sollten Sie keine Nachrichten hören oder bereits E-Mails oder Nachrichten auf dem Handy beantworten. So geraten Sie nicht in den Kontakt mit negativen Schlagzeilen und können mithilfe der Dankbarkeitsübung für mehr positive Energie sorgen. Verspüren Sie Dankbarkeit für alle Bereiche Ihres Lebens:

- Ihre Gesundheit
- die Familie, Freunde und Bekannte, die Ihnen am Herzen liegen
- Schule/ Ausbildung/ Job
- die Natur
- dass es Sie gibt
- dass das Leben immer für Sie da ist

3. Fühlen Sie so, als wären Ihre Ziele bereits in Erfüllung gegangen

Scheiben Sie sich immer wieder Ihre Ziele auf und tun Sie dabei so, als wären sie bereits in Erfüllung gegangen.

Gehen Sie gedanklich in die volle Energie der bereits eingetroffenen Realität und denken Sie dabei immer an Ihre ganz eigene und unheimlich wertvolle Schöpferkraft.

4. Warten Sie nicht, dass Ihre Wünsche sich von allein erfüllen

Ihre Wünsche erfüllen sich nicht von allein. Sie allein können mit Ihrer schöpferischen Kraft alles in Ihr Leben holen, was Sie sich wünschen. Sie müssen es nur tun. Vertrauen Sie Ihrer inneren Stimme und zweifeln Sie niemals an sich selbst. Sie können alles (er)schaffen. Verstärken Sie Ihre Manifestationskraft mit verschiedenen Übungen und erfreuen Sie sich bereits an kleinen Erfolgen.

5. Vergebung und Loslassen

Vergebung ist für Sie und vor allem für Ihr Herz besonders wichtig. Sie dient zur Heilung von offenen Wunden und lässt alten Schmerz verschwinden. Leben Sie im Hier und Jetzt und erlauben Sie es, sich von Dingen zu lösen, die Sie emotional nach unten ziehen. Sie haben es verdient, ein glückliches Leben in Fülle, Freiheit und Liebe zu führen. Das ist nur möglich, wenn Sie in Ihrer vollkommenen Kraft und Energie sind.

6. Selbstliebe

Sagen Sie sich jeden Tag, wie unglaublich stolz Sie auf sich selbst sind. Schauen Sie in den Spiegel und bewundern Sie sich. Die Liebe zu uns selbst ist eines der wertvollsten Dinge, die es gibt. Wenn wir damit aufhören, uns selbst zu kritisieren und an uns zu zweifeln, dann sind wir auch bereit, die Liebe von anderen auf einer viel höheren Ebene zu empfangen. Sie sind ein Wunder und es ist so schön, dass es Sie gibt. Vergessen Sie das nie!

7. Führen Sie ein Leben voller Liebe und urteilen Sie nicht

Urteilen Sie niemals über Dinge oder andere Menschen. Oftmals schieben wir manches sofort in eine Schublade. Je nach Kategorie, richtig oder falsch sowie gut oder schlecht, fällen wir schnell ein Urteil. Anstatt zu urteilen, sollten wir uns wieder darauf konzentrieren, alles mit Liebe zu betrachten.

8. Konzentrieren Sie sich darauf, was Sie der Welt geben können

Fragen Sie sich immer wieder, warum Sie auf der Welt sind und was Sie täglich Gutes tun können. Vielleicht gibt es genau heute jemanden, der dringend Ihre Unterstützung benötigt. Schenken Sie der Welt Ihre Erfahrungen, Erkenntnisse und Ihre Liebe. Wenn wir bedingungslos geben können, erhalten wir mindestens genauso viel zurück. Denken Sie an das Gesetz der Anziehung.

9. Achten Sie auf Ihren Körper

Unser Körper ist der Spiegel von unserem tiefsten Inneren – unserer Seele. Kümmern Sie sich täglich um Ihren Körper und achten Sie darauf, dass es ihm gut geht. Führen Sie ein gesundes und ausgeglichenes Leben mit ausreichend Bewegung, einer gesunden und bewussten Ernährung und wiederkehrenden Ruhepausen. Folgen Sie Ihrem Herzen und machen Sie Dinge, die Sie glücklich machen. Nutzen Sie dafür gern die Natur – sie kann manchmal Wunder bewirken. Vielleicht ist es mal wieder Zeit für einen Spaziergang durch den Wald? Probieren Sie es einfach aus.

10. Erfreuen Sie sich bereits an den kleinsten Dingen

Was wäre ein Leben ohne Freude? Erfreuen Sie sich bereits an Kleinigkeiten im Leben und teilen Sie Ihre Freude mit anderen. Bringen Sie mit einem kleinen Lächeln bereits jemandem zum Strahlen und versprühen Sie damit so viel positive Energie, wie Sie nur können. Lächeln ist manchmal die beste Medizin!

Herstellung und Verlag:

BoD – Books on Demand, Norderstedt

ISBN: 9783756213573

© Maja Zierlein 2022

1. Auflage

Kontakt: Psiana eCom UG/ Berumer Str. 44/ 26844 Jemgum

Covergestaltung: Fenna Larsson

Coverfoto: depositphotos.com